Inhalt

WEEE und RoHS - Weniger Umweltbelastung durch elektrische und elektronische Geräte

Kernthesen

Beitrag

Fallbeispiele

Weiterführende Literatur

Impressum

GENIOS WirtschaftsWissen Nr. 01/2004 vom 30.01.2004

WEEE und RoHS - Weniger Umweltbelastung durch elektrische und elektronische Geräte

I.Zeilhofer-Ficker

Kernthesen

- Die Entsorgung der jährlich anfallenden 2 Millionen Tonnen Elektroschrott in Deutschland verursacht immense Kosten und belastet die Umwelt in hohem Maße.
- Im Februar 2003 traten die beiden EU-Verordnungen WEEE und RoHS in Kraft, die bewirken sollen, dass die Umwelt durch die Entsorgung von elektrischen und

elektronischen Geräte weniger in Mitleidenschaft gezogen wird.
- Die WEEE schreibt vor, dass bis spätestens August 2005 Rücknahmesysteme geschaffen werden müssen, die es jedem Bürger ermöglichen, alte Elektrogeräte kostenlos zurückzugeben.
- Die Hersteller bzw. Importeure von elektrischen oder elektronischen Geräten haben die Kosten für die Rücknahme, die Behandlung und die Verwertung von Altgeräten zu tragen - Sammelziele und Verwertungsquoten müssen eingehalten werden.
- Laut RoHS ist die Verwendung von Blei, Quecksilber, Cadmium, Chrom VI und bromhaltigen Flammschutzmitteln in elektrischen und elektronischen Geräten ab 1. Juli 2006 verboten.
- Die Hersteller der Elektroindustrie arbeiten mit Hochdruck an der Entwicklung von Bauteilen, Geräten und Produktionsprozessen, die ohne die künftig verbotenen Stoffe auskommen, sowie an Rücknahme-und Verwertungssystemen.

Beitrag

Problem Elektroschrott

Rund 10 Milliarden Euro wurden allein in Deutschland im Jahr 2002 für Elektrogroß- und -kleingeräte wie Waschmaschinen, Kühlschränke, Bügeleisen, Staubsauger, Kaffeemaschinen und Haartrockner umgesetzt. Je nach Gerät sind zwischen 10 und 20 Prozent der in den Haushalten genutzten Geräte bereits älter als 9 Jahre und es ist nur eine Frage der Zeit, wann diese Geräte auf dem Müll landen werden. (1), (2)

Noch dramatischer ist das Müllaufkommen von Computerschrott und alten Handys. Da PCs und ihre Zubehörteile durch den rasanten technischen Fortschritt bereits wenige Jahre nach dem Kauf überaltet sind, fallen in der BRD jährlich rund 280 000 Tonnen Computermüll an, der teils nicht unerhebliche Mengen an Schwermetallen enthält. (3)

Man schätzt, dass rund 60 Millionen Alt-Handys allein in Deutschland in irgendwelchen Schubläden oder Schränken liegen, die über kurz oder lang entsorgt werden müssen. Weltweit soll es bereits über 500 Millionen Stück obsoleter Handys geben. (4), (17)

Der Elektroschrott Europas landet zum größten Teil in Haus- oder Sperrmüllsammlungen und wird hauptsächlich verbrannt oder auf Deponien gesammelt. Die riesigen Mengen dieser teils schwermetallhaltigen Altgeräte - in Deutschland rund 2 Millionen Tonnen pro Jahr - stellen für die Umwelt und die Kommunen eine große Belastung dar. (6)

Durch die am 13. Februar 2003 in Kraft getretenen EU-Verordnungen WEEE (Waste Electrical and Electronical Equipment) und RoHS (Restriction of Hazardous Substances) soll erreicht werden, dass diese Geräte umweltfreundlicher entwickelt, gebaut und entsorgt werden. Basis für die Verordnungen ist das Verursacherprinzip, d. h. der Hersteller ist für sein Produkt verantwortlich, von der Entwicklung bis zur endgültigen Entsorgung. Daher werden mit der WEEE-Verordnung alle Produzenten oder Importeure zur Kostenübernahme der Rücknahme-, Verwertungs-, Recycling- und Entsorgungskosten verpflichtet, die durch diese Geräte entstehen. (www.europa.eu.int)

Die Verordnungen im Detail

WEEE - Waste Electrical and

Electronical Equipment (Verordnung 2002/96/EG)

Die WEEE-Verordnung wie auch die RoHS gilt für alle Geräte, die mit elektrischer Energie betrieben werden. Neben den klassischen Haushaltsgeräten wie Herd, Kühlschrank, Wasch- und Spülmaschinen sind davon auch alle Kleingeräte wie Kaffeemaschinen, Haartrockner, Bügeleisen, Staubsauger usw. betroffen. Fernseher, Radios, HiFi-Anlagen aber auch Computer, Drucker, Faxgeräte, Telefone und ähnliche Unterhaltungs- und Kommunikationsgeräte unterliegen der WEEE ebenso wie elektrische Spielwaren, Geldautomaten und medizinische Geräte. (7)

Die Verordnung verpflichtet die Hersteller oder Importeure von elektrischen und elektronischen Geräten dazu, bis zum August 2005 Rücknahmesysteme einzurichten, die gewährleisten, dass alle Altgeräte von privaten Haushalten kostenlos zurückgegeben werden können. Die Kosten für die Rücknahme, das Recycling und die Verwertung von Geräten, die nach dem 13. August 2005 verkauft werden, trägt der entsprechende Produzent des Geräts. Für alle Altgeräte, also Apparate die vor dem 13. August 2005 in Verkehr gebracht wurden, gilt eine kollektive Finanzierungspflicht aller Hersteller anteilig dem entsprechenden Marktanteil. Es liegt in der Entscheidung der Hersteller, ob individuelle oder kollektive Rücknahmesysteme für Privatpersonen geschaffen werden. Auch ist es möglich, mit gewerblichen Nutzern eine Kostenteilung zu vereinbaren. Alles in allem rechnet man mit Kosten von 350 bis 500 Millionen Euro, die durch die Geräterücknahmeverpflichtung auf die Produzenten zukommen werden. (9), (www.europa.eu.int)

Bis zum 31. Dezember 2005 soll so eine minimale Sammelquote von 4 kg Elektro- und Elektronikaltgeräte aus Privathaushalten pro Einwohner und Jahr erreicht werden. Diese relativ geringe Menge, ca. 15 Prozent des jährlich anfallenden Elektroschrotts, sollte eigentlich problemlos erreicht werden. (6)

Da die Kosten speziell für die Rücknahme von gewerblich genutzten Geräten nur sehr schwer vorherzusehen sind, hat das Europäische Parlament im Oktober 2003 von der bilanzmäßigen Rückstellungspflicht für gewerblich genutzte Altgeräte abgesehen. Bilanzrückstellungen für privat genutzte Apparate, die vor August 2005 in den Verkehr gebracht werden, sind allerdings weiter vorgeschrieben. (5)

Als erste Priorität der Verordnung wird die

Vermeidung von Elektromüll angesehen. Man erwartet daher, dass schon bei der Entwicklung von Neugeräten auf wieder verwendbare oder wenigstens recyclingfähige Materialien und Bauteile zurückgegriffen wird. Jedes zurückgenommene Gerät sollte daraufhin überprüft werden, ob es als Gebrauchtgerät weiter genutzt werden kann oder ob Geräteteile überholt und für die Neugeräteproduktion oder für Reparaturen eingesetzt werden können. Übrige Teile/Geräte sollen so weit wie möglich recycelt werden, wobei vor allem die Rückgewinnung der eingesetzten Edelmetalle wie Kupfer, Gold, Silber, Aluminium oder Palladium von Interesse sein dürfte. (4), (6)

Je nach Gerätegruppe müssen die Hersteller unterschiedliche Wiederverwertungs- und Recyclingquoten erreichen, die je nach Gerät zwischen 50 und 80 Gewichtsprozent betragen. Für jedes Gerät müssen Recycling- und Demontageinformationen vorhanden sein und jeder Apparat muss eine Markierung tragen, die darauf hinweist, dass er nicht über die Mülltonne entsorgt werden darf. (11)

RoHS - Restriction of Hazardous

Substances (Verordnung Nr. 2002/95/EG)

Die RoHS-Verordnung verbietet ab dem 1. Juli 2006 die Verwendung von Blei, Quecksilber, Cadmium, Chrom VI und bromhaltigen Flammschutzmitteln (PBB, PBDE) bei der Produktion von elektrischen und elektronischen Geräten und deren Bauteile. (7)

Durch diese Vorschrift will man erreichen, dass der anfallende Elektroschrott weniger mit Schwermetallen und anderen für Mensch und Umwelt gefährlichen Stoffen belastet ist. Immerhin enthalten heutzutage 500 Alt-PC ungefähr 700 Kilogramm Blei, 1,36 Kilogramm Cadmium und 287 Gramm Quecksilber. Bei den vielen Millionen von PCs und anderen Elektrogeräten, die im Umlauf sind, summieren sich diese Schwermetalle schnell auf einige Tausend Tonnen, die mit hohem Aufwand entsorgt werden müssen. (3)

"Bleifreie" Produktion - eine Herausforderung für die Industrie

Das Verbot der oben genannten Schwermetalle und

bromhaltigen Materialien stellt für die gesamte Elektro- und Elektronikindustrie eine große Herausforderung dar. Waren doch bisher fast alle Verbindungs- und Lötprozesse auf bleihaltige Materialien aufgebaut, die nun durch andere Stoffe ersetzt werden müssen. Natürlich darf die Qualität der Bauteile und Leiterplatten dadurch nicht leiden und alle Hersteller arbeiten mit Hochdruck an der Erprobung von alternativen Materialien, Bauteilen oder Arbeitsprozessen. (8), (10)

Manche Firmen sind dabei schon relativ weit fortgeschritten und melden, dass schon in 2004 alle ihre Produkte bleifrei sein werden, andere rechnen mit einer breiten Markteinführung nicht vor Mitte 2005. Auf jeden Fall sind die technischen Voraussetzungen für den Umstieg bereits geschaffen und es ist davon auszugehen, dass den Vorschriften zum Stichtag 1. Juli 2006 Genüge getan werden wird. (8), (10), (12), (13), (14), (15), (16)

Der Fachkreis BFE, ein Zusammenschluss von rund 50 Unternehmen und Organisationen zur gegenseitigen Unterstützung bei der Umstellung auf "bleifrei" hat viele Informationen zum Thema gesammelt und im "Fahrplan bleifrei - Ihr Kursbuch für den 01.07.2006" zusammengefasst. Der Fahrplan ist im Internet abrufbar. (8), (www.elektronikpraxis.de)

Fallbeispiele

Beispiele der Wiederverwendung/Verwertung

Die Firma Greener Solutions Deutschland GmbH betreibt die Verwertung von Alt-Handys für die großen Mobilfunkanbieter Vodafone, E-Plus und T-Online. In Telefonläden und anderen Geschäften kann man die frankierten Rücksendebeutel bekommen, in die man das alte Handy steckt und einfach in den nächsten Briefkasten einwirft. 500 bis 2000 Mobiltelefone kommen so bereits täglich bei Greener Solutions an. (4)

Die Recyclinghandys werden generalüberholt und nach Afrika und Asien weiterverkauft. Der nicht wiederverwendbare Handymüll wird geschreddet und Edelmetalle extrahiert. Einem guten Zweck dient die Aktion zusätzlich: 3 bis 5 Euro pro eingeschicktem Alt-Handy gehen an gemeinnützige Organisationen. (4)

Die Unternehmen Braun, Elektrolux, Hewlett Packard und Sony haben sich im Hinblick auf die WEEE zu einer Recycling-Einkaufsgemeinschaft zusammengeschlossen. Das Ziel ist, für die Verwertung von zurück genommenen Elektroaltgeräten möglichst günstige Konditionen für Recycling-Dienstleistungen zu erhalten. (18)

Auch die Elektro-Fachhandelskette Media/Saturn ist bereits auf die WEEE vorbereitet. Schon im Frühjahr 2003 hat sie einen Rahmenvertrag mit dem Entsorgungsspezialisten Pape Entsorgung GmbH & Co. KG geschlossen. Pape wird für die Rücknahme notwendige Pressen, Container und Sammelbehälter zur Verfügung stellen und eine fachgerechte Entsorgung vornehmen. Die Firma Pape bietet außerdem für Hersteller aus dem nicht-europäischen Ausland ein komplettes Entsorgungsmanagement-Paket an. (11), (19)

Bleifreie Produkte und Verfahren

Für die Umstellung von bleihaltigen Lötverfahren bietet sich der Technologiewechsel zu SMT (Surface Mount Technology) und THT-Bauteilen (Through Hole Technology) an. Die dabei verwendeten THR-

Lötverfahren (Through Hole Reflow) lassen sich einfach und kostengünstig auf bleifrei umstellen. Die Firma Weidmüller bietet dazu ein umfangreiches Programm an Leiterplattenkomponenten, die außerdem mit nicht-bromhaltingen Flammschutzmitteln isoliert sind und daher den Vorschriften der RoHS voll entsprechen. (8)

Bei der Firma Intel laufen die Arbeiten an bleifreien Verbindungstechniken schon seit drei Jahren. Seit Januar liefert Intel ein Ball-Grid-Array-Package das sich ohne Bleilegierung verlöten lässt. Man geht davon aus, dass die Umstellung auf bleifrei für die kleinen Kommunikationschips problemlos vor dem Stichtag bewerkstelligt werden kann, sieht aber Probleme bei den großen Netzwerk- und Serverplatinen, die oft mit acht, zwölf oder mehr Metallisierungslagen aufgebaut sind. Hier erwartet man den Durchbruch nicht vor 2005. (10)

Der Halbleiterhersteller Fairchild meldet dagegen, dass ab Juni 2004 alle Produkte auf bleifreie Oberflächenmaterialien umgestellt sein werden. (12)

Motorola SPS führt bleifreie Bauteile unter dem Programm EPP (Environmentally Preferred Product) schon seit 2001. Neuentwicklungen gelten zwar von Anfang als Bleifrei-Kandidaten, die entgültige Entscheidung wird aber Bauteil für Bauteil getroffen.

Da sich die Nachfrage noch in Grenzen hält, werden existierende Bauteile nur auf Kundenwunsch auf bleifrei umgestellt. (13)

- Die Firma Xilinx begann 2002 mit der Lieferung von bleifreien PLDs. Heute sind bereits über 200 bleifreie Xilinx-Produkte im Angebot. (15)

Auch die Ruwel AG, Deutschlands größter Leiterplattenhersteller, ist gut auf WEEE und RoHS vorbereitet. Rund 50 % der Leiterplattenproduktion läuft unter dem Motto "grüne Leiterplatte" bereits bleifrei. (16)

Schon im Jahr 1990 wurde bei Hewlett-Packard über alternative Lösungen für den Gehäusebau von elektronischen Geräten nachgedacht. Daraus entwickelte sich das Konzept E-Pac (Electronic Packaging Assembly Concept), das von der Firma Ruch Novaplast zu einer neuen Chassis-Lösung aus expandiertem Polypropylen (EPP) fortentwickelt wurde. Bei dieser Lösung werden die Gerätekomponenten nicht mehr verschraubt oder vernietet, sondern von Partikelschaum gehalten. Der Industrie-PC "Power Lite" von Kontron wurde mit dieser Chassis-Alternative entwickelt. Dabei wurde die Anzahl der Verbindungselemente und mechanischen Einzelteile um 50 Prozent reduziert und die Reparaturzeiten signifikant verringert. Neben den umweltfreundlichen Eigenschaften - das Chassis ist komplett wiederverwertbar - bietet das Konzept weitere Vorteile. Die Gerätekonstruktion ist wesentlich billiger und das Gerät wesentlich leichter als ein konventionell gebautes. (14)

Weiterführende Literatur

(1) O. V., Markt für Elektrokleingeräte 2001, 2002, FAKT Markt- und Wirtschaftsinformationen, Fakten, 2003
aus Der Spiegel, 10.02.2003, Nr. 7, Seite 18

(2) O. V., Markt für Elektrogrossgeräte 2001, 2002, FAKT Markt- und Wirtschaftsinformationen, Fakten, 2003
aus Der Spiegel, 10.02.2003, Nr. 7, Seite 18

(3) O. V., Die schmutzige Seite des technischen Fortschritts - Problemmüll Computerschrott, Computerwoche, 07.03.2003, Nr. 10, S. 50
aus Der Spiegel, 10.02.2003, Nr. 7, Seite 18

(4) Knauer, Sebastian, Handys für die Welt, Spiegel Online, 07.12.2003
aus Der Spiegel, 10.02.2003, Nr. 7, Seite 18

(5) O. V., Altgeräte-Rücknahme - Keine Rückstellungen, Markt & Technik, Heft 44/2003, S. 3
aus Der Spiegel, 10.02.2003, Nr. 7, Seite 18

(6) Kopytziok, Norbert, Die Wiederentdeckung des präventiven Elements - Produktverantwortung in der Abfallwirtschaft, politische ökologie 84: Innovationen. Neugier und Nachhaltigkeit
aus Der Spiegel, 10.02.2003, Nr. 7, Seite 18

(7) Neue Regeln für Entsorgung von Elektroschrott
aus Frankfurter Allgemeine Zeitung, 26.03.2003, Nr. 72, S. 25

(8) Fit für Bleifrei - Leiterplatten-Stiftleisten aus reinem Zinn für bleifreie Lötprozesse und SMD-Verarbeitung
aus Elektronik Praxis Nr. 20 vom 16.10.2003 Seite 042

(9) Rieß, Dimo, Noch keine Regelung zu Rücknahme von Elektronikschrott / Kostenfreie Entsorgung kommt 2005, LVZ/Leipziger-Volkszeitung, 15.12.2003, S. 1
aus Elektronik Praxis Nr. 20 vom 16.10.2003 Seite 042

(10) Die letzten Hürden vor dem Bleiverbot
aus c't - Magazin für Computertechnik, 11/2003, S. 28

(11) Stauß, Olaf, Blick auf den Produkt-Lebenszyklus eröffnet Potenziale für Ökonomie und Ökologie, Industrieanzeiger, Heft 40, 2003, S. 58
aus c't - Magazin für Computertechnik, 11/2003, S. 28

(12) Ab Mitte 2004 absolut bleifrei
aus Elektronik Praxis Sonderheft 11 Distribution und Einkaufsführer vom 18.12.2003 Seite 016

(13) Grüne Welle - Was die Umstellung auf bleifreie Elektronikfertigung bedeutet
aus Elektronik Praxis Motorola Halbleiter World of Embedded vom 01.12.2003 Seite 042

(14) O. V., In nur 18 Wochen von der Idee bis zur Serie: Innovatives Chassis-Konzept vereinfacht die Gerätekonstruktion, Markt und Technik, Heft 41/2003, S. 28
aus Elektronik Praxis Motorola Halbleiter World of Embedded vom 01.12.2003 Seite 042

(15) PLDs Bleifreies Portfolio
aus Elektronik Praxis Nr. 22 vom 19.11.2003 Seite 104

(16) Leiterplatten Stabile Lieferkette über kurze Wege
aus Elektronik Praxis Nr. 17 vom 09.09.2003 Seite 010

(17) Anpassung von Mobiltelefonen
aus ZWF - Zeitschrift für wirtschaftlichen Fabrikbetrieb, Heft 10/2003, S. 514-517

(18) Strategischer Umweltschutz
aus iX - Magazin für professionelle Informationstechnik, 3/2003, S. 30

(19) Gut gerüstet für E-SchrottVO
aus Lebensmittel Zeitung 16 vom 17.04.2003 Seite 058

Impressum

WEEE und RoHS - Weniger Umweltbelastung durch elektrische und elektronische Geräte

Bibliografische Information der deutschen Nationalbibliothek

Die Deutsche Nationalbibliothek verzeichnet diese Publikation in der deutschen Nationalbibliografie; detaillierte bibliografische Daten sind im Internet über http://dnb.d-nb.de abrufbar.

ISBN: 978-3-7379-1437-6

© 2015 GBI-Genios Deutsche Wirtschaftsdatenbank GmbH, Freischützstraße 96, 81927 München, www.genios.de

Alle Rechte vorbehalten. Dieses Werk ist einschließlich aller seiner Teile – z.B. Texte, Tabellen und Grafiken - urheberrechtlich geschützt. Jede Verwertung außerhalb der Grenzen des Urheberrechtsgesetzes bedarf der vorherigen Zustimmung des Verlags. Dies gilt insbesondere auch für auszugsweise Nachdrucke, fotomechanische Vervielfältigungen (Fotokopie/Mikroskopie), Übersetzungen, Auswertungen durch Datenbanken oder ähnliche Einrichtungen und die Einspeicherung und Verarbeitung in elektronischen Systemen.